ESSAI

DE

GRAMMAIRE

DU

DIALECTE MENTONAIS

avec quelques

CONTES, CHANSONS ET MUSIQUE DU PAYS

PAR

JAMES BRUYN ANDREWS

NICE

IMPRIMERIE NIÇOISE, ASSOCIATION OUVRIÈRE, VERANI ET COMP.

Boulevard du Pont-Vieux, 32

1875

TABLE DES MATIÈRES

ABRÉVIATIONS

s., sing.	~~~	singulier.
p., pl.	~~~	pluriel.
m., masc.	~~~	masculin.
f., fém.	~~~	féminin
pers.	~~~	personne.
prés.	~~~	présent.
imp.	~~~	imparfait.
fut.	~~~	futur.
cond.	~~~	conditionnel.
part.	~~~	participe.
pass.	~~~	passé.
ment.	~~~	mentonais.
gen.	~~~	génois.
niç.	~~~	niçois.
fr.	~~~	français.
it.	~~~	italien.

PRÉFACE

Ce livre a été entrepris dans l'espoir d'être utile à l'étude comparative des langues. Ce motif expliquera sa brièveté et sa forme. Dans la syntaxe seulement les constructions différentes du français sont indiquées. Ces différences sont toujours des formes italiennes. Les idiomes ont été toujours conservés, quoique, quelquefois, ils aient paru peu grammaticaux, le but étant d'exposer comment on parle, et non comment on devrait parler.

L'auteur ne s'attend pas que, malgré un travail consciencieux, on ne trouve bien des erreurs, vu que c'est le premier ouvrage dans le dialecte. Néanmoins, il croit qu'il possède une valeur suffisante pour justifier sa publication. Il s'estimera heureux s'il rencontre des émules plus habiles.

Le dialecte mentonais est la langue du canton de Menton, qui embrasse les communes de Menton, Roquebrune, Gorbio, Saint-Agnès, Castelar, et les hameaux de Cabrol et de Monti. Il occupe ce qu'on peut appeler le bassin de Menton, entouré des hautes montagnes, excepté du côté de la mer. Le long de la mer, il s'étend depuis Cabbé-Roquebrune j'usqu'à la frontière, c'est-à-dire au torrent de Saint-Louis. Au nord, on le parle jusqu'au voisinage sud de Castillon.

En dedans de ces bornes, il y a des variations, mais la langue partout diffère peu de celle de la ville de Menton (laquelle est celle traitée dans ce livre) et beaucoup plus rapprochée d'elle qu'aucune autre.

L'auteur n'a pas la prétention de traiter à fond les rapports de cette langue avec ses voisines, mais il y en a quelques-uns faciles à saisir que nous donnons ici.

Ce qui frappe d'abord, c'est quelle a des fortes ressemblances avec chacune d'elles, en même temps qu'elle se sépare de chacune par des différences importantes. A l'ouest, excepté dans la principauté actuelle de Monaco, on parle une forme de provençal presque identique au niçois. A Monaco, c'est à peu près le génois, ce qui s'explique par ses relations historiques plus intimes avec Gênes. Au nord, c'est encore le niçois tirant sur le piémontais, mais avec quelques variations remarquables. A l'est, on rencontre une langue qu'il faut classifier avec le génois dès qu'on sort de Menton et qu'on franchit la frontière de France. On y rencontre encore quelques ressemblances avec le mentonais qui disparaissent, l'une après l'autre, en approchant de Gênes. Ainsi le mentonais est une langue de transition comme on peut s'y attendre dans un pays qui jadis était la frontière de Provence et où, encore plus anciennement, les Romains disaient que c'était le passage d'Italie en Gaule.

En précisant ses rapports on remarque que du génois il présente la faiblesse de quelques consonnes, mais dans un moindre degré, notablement de *l* et *r* (*ro*, *o*, gèn. *o*, le : *scara* gén. *scaa*, escalier). Il a aussi des voyelles signes du pluriel, mais en *e* (*dente*, gén. *denti*, dents). De l'autre côté, il ne suit pas le génois dans la substitution fréquente de plusieurs consonnes pour d'autres dans des mots homonymes, français et italiens. Ainsi, en génois *gg*, *ci*, *ci*, *sci*, remplacent souvent le mentonais *gl*. *pi chi*, *fi*, niçois *gl*, *pl*, *cl*. *fl*. respectivement (gén. *ciat*, ment. *piat*, niç. *plat*; gén. *travaggio*, ment. niç. *travaigl*). Il a perdu au singulier les voyelles finales atones *e* et *o*, que le génois conserve. et les terminaisons des noms deviennent à peu près comme en provençal. (Ment. niç. *nuec*, nuit; ment. niç. *vent*, vent). En niçois les noms sont invariables pour le nombre, et *l* et *r* se soutiennent mieux.

L'étude de ces dialectes est embarrassée par l'absence des grammaires et vocabulaires. A Nice, il n'y a ni l'un ni l'autre; la grammaire publiée en 1840, par M. l'abbé Miceu ayant été épuisée depuis longtemps. Aucune grammaire des patois n'existe depuis Marseille à Gênes. y compris ces grandes villes. On trouve des vocabulaires à Gênes et à Turin. Dans le « *Raccolta di dialetti italiani*, » de Orlandini, Florence, typographie Tofani. 1864, on a donné des exemples des dialectes de Nice. Monaco et Gênes, mais l'éditeur se trompe singulièrement en croyant que le mentonais diffère peu de la langue de Monaco. En ce moment on prépare à Florence une publication d'un morceau de Boccaccio, à propos de son centenaire, traduit dans les dialectes principaux d'Italie et on s'est procuré des traductions dans ceux de Monaco, de Menton et de Vintimiglia.

Je dois beaucoup à mes amis mentonais pour les renseignements et les matériaux indispensables, et surtout à M. Ciabaudi qui m'a aidé beaucoup. Dans les compositions qui m'ont été fournies et qui sont publiées à la fin du livre, j'ai pris la liberté d'accorder l'orthographe avec celle de la grammaire. La phrase n'a pas été touchée. Il n'y a presque aucune poésie sans grave défaut, mais il ne pourrait en être autrement avec des poésies inédites et livrées au caprice de la tradition populaire.

PREMIÈRE PARTIE

GRAMMAIRE

CHAPITRE Ier

DES LETTRES

Les lettres qui ne se prononcent pas comme en français sont indiquées dans les observations suivantes :

Les voyelles ne sont jamais muettes :

e se prononcera comme *é*. Ex : *gate*, chats, comme *gaté*.

L'*o* fermé, ce qu'il est le plus souvent, se prononce entre l'*o* bref et l'*ou* français. C'est l'*o* chiuso de l'italien, Ex : *ro* le presque *rou*.

Quand les voyelles se rencontrent, chacune se prononce séparément. Ex : *mai* jamais, comme *ma-i* ; *preire*, prêtre, comme *pré-ire*.

u se prononce comme en français quand il n'est pas accompagné d'une autre voyelle et quand il en est séparé par le tréma ; Ex : *u* ou *ru*, les; *maü*, mûr ; mais accompagné d'une autre voyelle, et sans le tréma, il a le son de l'*u* italien, ou, ce qui est la même chose, il a le son de l'*ou* français. Ex : *caud*, chaud, comme *caoud* ; *scriu*. écrire, comme *scriou*.

ce, *ci* se prononcent comme *tché*, *tchi*. Ex : *celo*, ciel, pr. comme *tchélo*.

ch comme *k*. Ex : *che*, que, comme *ké*.

ge, *gi* comme *dgé*, *dgi*. Ex : *girà*, tourner, comme *dgirà*.

gh comme *gu*. Ex : *gherra*, guerre, comme *guerra*.

gli médial et *gl* final plus mouillé que la dernière syllabe du mot français *bouilli* et presque comme *y* dans *noyau*. Ex : *bugli*, bouillir ; *travaigl*, travail ; à peu près *buyi*, *travay*. On sent *l* très-peu.

ll n'a pas de son excepté pour durcir *c* et *g* avant *e*, *i*, et à la fin des mots, Ex : *sach*, sac ; *amighe*, amies.

n final précédé d'une voyelle se prononce très-nasalement et presque comme s'il était suivi d'un *g*. Ex : *camin*, chemin, à peu près comme *caming*. *N* médial et *nt* final ne sont pas nasals.

nn comme *nne* dans canne. Ex : *ann* ; comme *anne*.

sce, *sci* comme *che chi*. Ex : *sci*, oui ; comme *chi*.

Toutes les consonnes finales, excepté le *n* déjà expliqué, se prononcent comme si elles étaient suivies d'un *e* muet. Ex : *fam*, faim; comme *fame; tec*, toit, comme *letche*.

Dans les mots composés les lettres gardent leur prononciation étymologique. Ex : *catresent*, quatre-cents, comme : *catre-sent*.

L'accent sera employé quand la voix doit s'appuyer sur la dernière syllabe et aussi pour établir une distinction entre quelques mots dont l'orthographe est la même sans avoir la même signification. Ex : *à*, à ; *a*, la ; *è*, est ; *e*, et ; *ô*, ou ; *o* le. (*)

Le tréma (¨) indiquera la séparation d'une diphtongue en deux syllabes. Ex : *aïra*, maintenant.

L'apostrophe (') marquera une élision. Ex : *achest'arima*, cet animal, *achest'* pour *achesto*.

CHAPITRE II

DE L'ARTICLE

L'article au singulier devant une voyelle est toujours *r'*. Ex : *r'ann*, l'an ; *r'amiga*, l'amie.

Autrement il est usuellement *o*, le, pl. *u* ; *a* la ; pl. *e*. Ex : *o figl*, le fils ; *u figlie*, les fils ; *a figlia*, la fille ;

(*) Quand la composition a été faite, l'auteur a été informé que les fontes françaises n'ont pas des *i* et des *o* avec l'accent grave; il a dû en conséquence les laisser remplacer par l'accent circonflexe, qui doit être considéré comme un accent grave.

e figlie, les filles. — Mais quelquefois quand il est précédé ou suivi d'une voyelle, et surtout si elle est pareille à la siennne, l'article devient *ro*, *ru*, *ra*, *re*. — Le choix dépend du goût, les dernières formes étant employées pour relever le son de l'article. Ex : *Monsù ro duca*, monsieur le duc ; *Madama ra duchessa*, madame la duchesse ; *à ra frema*, à la femme.

Le dernier exemple fait une des rares exceptions à la liberté de choix, parceque *ra* est exigé par la similitude entre la préposition et l'article. Pour les deux premiers on pourrait aussi dire : *Madama a duchessa*, *Monsù o duca*.

CHAPITRE III

DU SUBSTANTIF

Ceux qui se terminent en *a* sont presque tous du genre féminin. La plus grande partie des autres est masculine.

Des premiers sont exceptés ceux du sexe masculin et des seconds ceux du sexe féminin.

Le genre d'un objet est usuellement le même qu'en français.

Le pluriel des substantifs féminins terminés en *a* se fait généralement par le changement de l'*a* en *e*. Ex : *a sara*, la salle, pl. *e sare* ; mais si l'*a* est accentué il reste au pluriel ; Ex : *a carità*, la charité, pl. *e carità*.

Les autres substantifs terminés par une voyelle ne changent pas. Ex : *o roe*, le chêne, pl. *u roe*, les chênes; *a torre*, la tour ; pl. *e torre*, les tours.

Les substantifs terminés par une consonne (excepté *n* précédé d'une voyelle, et *nn*) font leur pluriel en ajoutant un *e* ; Ex : *a noas*, la noix, pl. *e noase* ; *o gat*, le chat, pl. *u gate* ; *a nuec*, la nuit, pl. *e nuece*.

Ceux en *n* précédés d'une voyelle généralement font leur pluriel par la chute de *n* ; Ex : *o can*, le chien, pl. *u ca* ; *o cosin*, le cousin, pl. *u cosi*. Mais il y en a quelques-uns en *an*, homonymes avec des mots français en *on* qui font leur pluriel en *o*. Ex : *o pigian*, le pigeon, pl. *u pigio*.

Ceux en *nn* ajoutent *e* et perdent un *n* ; Ex : *r'ingann*, la tromperie, pl. *u ingane*.

Ceux en *gl* mettent un *i* devant l'*e*. Ex : *r'oegl*, l'œil, pl. *ru oeglie*.

Ceux en *ca* et *ga* prennent un *h* ; Ex: *auca*, oie, pl. *auche*; *amiga*, amie, pl. *amighe*.

Quelques mots retrouvent au pluriel une lettre qui a été perdue ou modifiée au singulier. Ex: *r'ausse*, l'oiseau, pl. *ru ausselle* ; *o cavà*, le cheval, pl. *u cavà* et aussi *cavale*.

Ajoutons quelques emprunts de l'italien, qui font leur pluriel en *i* comme dans cette langue. Ex : *o medico*, le médecin, pl. *u medichi*.

Le mentonais n'est pas très-riche en augmentatifs et diminutifs, employant au lieu de ceux-ci les substantifs avec adjectifs. Ceux qui existent sont formés, les premiers par l'addition à un substantif des syllabes masc. *ass*, f. *assa* ; les seconds par masc, *el*, f. *ela*. Ex : *libre*, livre, fait *librass*, *libret* ; *sauma*, ânesse, *saumassa*, *saumela*.

Dans le mot *fremeneta*, diminutif de *frema*, femme, et *omenet*, diminutif de *ome*, homme, on retrouve des syllabes perdues qui se voient dans le latin *feminam hominem*.

CHAPITRE IV

DE L'AJECTIF

Le féminin des adjectifs est formé généralement par l'addition de la lettre *a* au masculin.

Les pluriels sont généralement formés par les mêmes règles que ceux des substantifs, et les exceptions sont analogues.

Ex. : *Caud*, chaud, *cauda*, pl. m. et f. *caude*.
Prudent, prudent, *prudenta*, » *prudente*
Rich, riche, *rica*, » *riche*.
Drec, droit, *drecia*, » *drece*.
Maü, mûr, *maüra*, pl. m. *maü*, pl. f. *maüre*.
Nou, neuf, *nova*, pl. m. *nou*, pl. f. *nove*.

On remarque qu'en formant le féminin, comme en formant le pluriel, on remet quelquefois des lettres qui sont perdues ou modifiées au masculin, et que le *h* et le *i* paraissent et disparaissent selon la voyelle qui suit. Les adjectifs en *nn* perdent un *n*. Ex : *grann*, grand, *grana*.

Belo, beau ; *caro*, cher ; *vero* vrai, font *belu*, *caru* et *veru* au pluriel masculin.

Les participes suivent les mêmes règles que les adjectifs ; mais par exception, ceux qui finissent en *a* sont leur féminir en *ia*.

Ex : *Persuas*, persuadé, *persuasa*, pl. m. et f. *persuase*.
Rendù, rendu, *rendua*, pl. *rendù*, pl. f. *rendue*.
Amà, aimé, *amaia*, pl. m. *amà*, pl. f. *amaie*.

Les adjectifs et les participes sont placés usuellement après les noms. Ex : *en giorn caud*, un jour chaud.

Etant devant et au singulier ils élident souvent une voyelle finale devant une autre voyelle. Ex : *car' amiga*, chère amie.

Belo s'écrit *bel'* ou *ber'* au masculin devant son nom où il doit être toujours placé. Ex : *o ber' libre*, le beau livre.

Caro et *vero* comme attributs masculins singuliers ou pluriels se disent *ca* et *ve*. Ex : *acô es ca, acô es ve* ; ceci est cher, ceci est vrai.

Grann placé devant devient *gran* et est invariable. Ex : *a gran sara*, la grande salle, pl. *e gran sare*.

Sant, saint, quand il est employé avec les noms propres est placé devant eux. Au masculin il s'écrit *san'* devant une consonne, et au féminin *sant'* devant une voyelle. Ex : *San' Paulo, Sant' Ana.*

Frate, frère, usité comme titre religieux s'écrit *fra'* devant les noms propres. Ex : *Fra' Piè*, frère Pierre.

Le comparatif d'un adjectif se forme en mettant *pu*, plus, et le superlatif en mettant *o pu*, le plus, f. *a pu*, devant le positif.

Le superlatif absolu se forme en plaçant *pran*, beaucoup, devant le positif.

Ex : *Achest' erbo es pu aut che r'autr*,
Cet arbre est plus haut que l'autre.
R'ome o pu foart de Mentan,
L'homme le plus fort de Menton.
En preire pran sapient,
Un prêtre très-savant.

Ces adjetifs font exception : bon, *ban*, bon ; *mieglie*, meilleur ; *marri*, mauvais ; *piege*, ou *o pu marri*, pire.

Ex : *Es un ome piege che una bestia*,
C'est un homme pire qu'une bête.

Dans cette phrase on peut aussi bien dire *de una bestia* ; *che* et *de* représentent également *que*.

CHAPITRE V

DU NOMBRE

En (1), do (2), tre (3), catre (4), sinch (5), sie (6). set (7), vec (8), nou (9), diej (10), onse (11), dose (12). trese (13), catorse (14), chinse (15), sese (16), deses-set (17), desevec (18), desenou (19), vint (20), vinta-en (21), trenta (30), caranta (40), sincanta (50), seis-cianta (60), setanta (70), utanta (80), noranta (90). sent (100), dujent (200), trejent (300), catresent (400), sinchesent (500), sisent (600), setesent (700), vece-sent (800), nousent (900), mile (1000), domila (2000). vintemila (20,000), sentemila (100,000), en merian (1,000,000).

Vint et *sent* deviennent *vinte* et *sente* devant un mot qualifié par eux. Alors *sie* devient quelquefois *si*. Ex : *vinte fee*, vingt brebis ; *si banche*, six chaises.

En fait *una* au féminin et *do* fait *doe*. Les autres sont invariables. Ex : *una figlia*, une fille ; *doe mere*, deux pommes. Ceux terminés par une voyelle l'élident devant une autre voyelle. Ex : *carant'erbo*, quarante arbres.

Una dosena, une douzaine; *una vintena*, une vingtaine.

Les nombres cardinaux sont employés pour les dates, excepté le premier jour du mois qui exige l'ordinal. Ex : *o vinta catre abri mile vecesent chinse*, le vingt-quatre avril mil huit cent quinze : *o primo de magio*, le premier mai.

Les nombres ordinaux sont :

Primo (premier), *segond* (second), *ters* (troisième), *catriem* (quatrième), *sinchiem* (cinquième).

Les autres sont formés en ajoutant la syllabe *iem* aux nombres cardinaux, et perdent la voyelle finale où il y en a. Ex : *mile*, *miliem*

Ils font le féminin et le pluriel selon les règles des adjectifs. Ex : *a terse ra*, les troisièmes rangs.

Premièrement se traduit par *en primo luegh*, et les autres adverbes ordinaux français de la même façon.

On rend les nombres multiplicatifs en général par le substantif *vote* (sing. *vota*), fois, avec un nombre cardinal. Ex : *un'armada sent vote pu grossa de r'autra*, une armée centuple de l'autre. Cependant on dit quelquefois *dobbie*, double, f. *dobbia* et *triple*, triple, f. *tripla*. Les adverbes multiplicatifs sont rendus par le même procédé.

Les nombres distributifs sont : *a mitan*, la moitié ; *o ters*, le tiers ; *o cart*, le quart. Pour les autres il faut dire *a sinchiema part*, la cinquième partie, et ainsi de suite.

CHAPITRE VI

DU PRONOM

Pronoms personnels :

Mi, je ; *nautre*, nous ; *tu*, tu ; *vautre*, *vo*, vous ; *ello*, il ; *ellu*, ils ; *ella*, elle ; *elle*, elles, sont employés comme sujets, comme régimes des prépositions et comme régimes emphatiques directs ou indirects des verbes. Quand le pronom *vautre* est sujet, il indique plusieurs personnes ; *vo*, une seule.

Me, me ; *no*, nous ; *te*, te ; *vo*, vous ; *ro*, *o*, il ; *ru*, *u*, ils ; *ra*, *a*, la ; *re*, *e*, les, servent de régimes directs des verbes.

Les pronoms réflectifs sont *me ; se*, nous, *se* ; *te ; vo* ;

Me ; no ; te ; vo ; se ; *y*, ou quelquefois après une voyelle *ry*, y ; servent de régimes indirects des verbes.

En (fr.) se traduit par *en*, ou quelquefois après une voyelle *nen*.

Me, *no*, *te*, *vo*, *se*, *ro*, *ru*, *ra*, *re*, *ry*, *y*, et *nen* sont employés conjonctivement avec l'infinitif et l'impératif comme en italien.

On omet souvent les pronoms sujets des verbes.

Pour montrer le respect on emploie souvent pour ceux à qui l'on parle la troisième personne.

Les pronoms objectifs élident quelquefois leurs voyelles terminales devant un verbe qui commence par une voyelle ou *h* ; et *en* peut alors s'écrire *'n*

Ex: *Tu me done ra scatora.*	Tu me donnes la boîte.
Ven dame mi.	Il vient avec moi.
Soanan mi?	Est-ce moi qu'on appelle?
Ro garia.	Il le guérissait.
V'ama ou *vo ama.*	Il vous aime.
S'amusa.	Il s'amuse.
Monsù no ry mena?	Monsieur nous y conduit?
N'en sai ren.	Je n'en sais rien.
Vendera.	Vendez-la.
No avent vist.	Nous ayant vu.
No'n parlava	Il nous en parlait.
N'ha ou *en ha*	Il en a.

Même se traduit par *stess*, f. *stessa*, ou *meme* qui est invariable.

Ro vieglio mi meme.	Je le veux moi-même.

Les pronoms personnels objectifs sont ainsi disposés et écrits quand ceux qui sont directs et ceux qui sont indirects se rencontrent :

M'y mena, il m'y conduit. En pareil cas les autres s'emploient ainsi : *n'y*, nous y ; *t'y*, t'y ; *v'y*, vous y ; *s'y*, s'y ; *y ro*, l'y, etc.

Avec l'impératif : *menamery*, conduisez-moi là. En pareil cas, les autres sont ainsi *nory*, *tery*, *vory*, *sery*, *yro*, etc.

M'o dona, il me le donne, et en pareil cas *n'o*, *t'o*, *v'o*, *s'o*, *y ro*, etc. Impératif *donemero*, donnez-le moi ; et le reste de même.

M'en dona, il m'en donne. Et pareillement *no'n*, *t'en*, *vo'n*, *s'en*, *ry'n*. Impératif : *donemenen*, et le reste pareillement.

Quant aux élisions ci-dessus *t'y mena*, *m'o dona*, *m'en dona*, etc., on pourrait aussi bien dire, *te ry mena*, *me ro dona*, *me nen dona*.

Pronoms possessifs :

Mon, *o men*, mon, le mien ; f. *ma*, *a mia* ; pl. masc. *u me* ; f. *me*, *e mie*.

O noasc, *o noastre*, le nôtre ; f. *a noascia*, *a noastra* ; pl. masc. *u noasce*, *u noastre* ; f. *e noasce*, *e noastre* ; *Ton*, *o ten*, ton, le tien ; f. *ta*, *a tua* ; pl. masc. *u te* ; f. *e te* ou *e tue*.

O voasc, *o voastre*, le vôtre ; f. *a voascia*, *a voastra*; pl. masc. *u voasce*, *u voastre* ; f. *e voasce*, *e voastre* ; *son*, *o sen*, son, le sien, leur, le leur ; f. *sa*, *a sa* ou *a sua* : pl. masc. *u se* ; f. *e se* ou *e sue*.

Les possessifs ne sont employés sans l'article qu'avec les noms de parenté quand ils sont au singulier et sans adjectifs.

Ex. *Mon fraire è maraut*, Mon frère est malade.
O men brass es foart, Mon bras est fort.
Madama voascia soare, Madame votre sœur.

Et pour le dernier on peut dire aussi *sa soare*.

La forme qui exige usuellement l'article est usitée sans lui quand on exprime la possession comme un attribut. *Achesto terrin es men*. Ce terrain est à moi.

Aussi après un substantif employé comme vocatif.

Ex : *Paire men*, Mon père !

Quand on se fait quelque chose à soi-même, le verbe réfléchi remplace le pronom possessif du français.

Me metia e botte. Je mettais mes bottes.

Pronoms relatifs et interrogatifs :

Les mêmes mots servent pour les deux usages.

Che (*cu*. pour les personnes seulement), qui ; *che*, *ca*, quel, ou lequel ; *soch*, *che*, ce que, quoi.

Ils sont invariable pour les genres et les nombres.

Cu et *ca* sont employés au lieu de *che* quand l'antécédent n'est pas exprimé, ou ne les précède pas, ou ne les suit pas immédiatement.

R'ome che travaglia.	L'homme qui travaille.
A frema da me cu anava.	La femme avec qui j'allais.
Cu ven ?	Qui vient ?
Che casa sercan ?	Quelle maison cherche-t-on ?
Catava si mere ; ca vorè ?	J'achetais six pommes; laquelle voulez-vous ?
Soch ha perdu ?	Qu'avez-vous perdu ?
Soch di non es ve.	Ce qu'il dit n'est pas vrai.

Dont se tradui par *de cu*, ou *de che*.

Achelo de cu r'hai sentù.	Celui dont je l'ai entendu.

Mais il n'est pas d'usage, excepté dans les interrogations, de régir par une préposition un pronom relatif dont l'antécédent n'est pas une personne :

A casa che disema.	La maison dont nous parlons.
Achesto è r'erbo che avè o fruc.	Ceci est l'arbre dont vous avez le fruit.

Quoi, dans le sens de *cela*, se traduit par *acô ;*

Apress acô su anac.	Après quoi je suis allé.

Les pronoms démonstratifs et indéterminés sont :

	aissô, *achesto*, *esto*, *sto ;*	Ceci ;
pl.	*achestu*, *estu*, *stu ;*	
f.	*achesta*, *esta*, *sta ;*	
pl. f.	*acheste*, *este*, *ste ;*	
Acô,	*achelo*, pl. *achelu*,	Cela ;
	f. *achela*, pl. *achele*,	
Cassessieghe,		Quel que ce soit ;

Cussessieghe,	Qui que ce soit. ;
Sochsessieghe,	Quoi que ce soit :
Carchen, f. *carcuna* (pl. manque),	Quelqu'un ;
Carcaren,	Quelque chose:
Ognien, *ognuna*, *Cadaen*, *cadauna*,	Chacun :
Tot, f. *tota*, pl. m. et f. *tote*,	Tout.
Vari, f. *varie*,	Plusieurs :
Autr, f. *autra*, pl. m. et f. *autre*,	Autre ;
Tale (invariable),	Tel ;
Nuscen, f. *nusciuna*, ou *Duscen*, f. *dusciuna*,	Personne :
Menga (invariable),	Aucun, point ;
Ren,	Rien ;
Tant, pl. *tantu*, f. *tanta*, pl. f. *tante*,	Autant, tant ;
Cant, pl. *cantu*, f. *canta*, pl. f. *cante*,	Combien.

Aissô, *acô* ne s'emploient pas avec les substantifs, et seulement pour les choses inanimées.

Nuscen et *duscen* s'emploient toujours négativement et sans substantif, et seulement pour les personnes ; ils exigent l'adverbe négatif *no* ou *non*, non.

Menga quand il est employé avec les substantifs exige la préposition *de*, de.

On dit, s'exprime par *se di* ou *disan*.

Achest'ome serca acô,	Cet homme cherche cela.
Nuscen no ven,	Personne ne vient.
No me dona menga de ragian,	Il ne me donne aucune raison.
Dighe sochssessieghe non es ve,	Quoi qu'il dise ce n'est pas vrai.
N'hai tant che ello, *N'hai coma ello*,	J'en ai autant que lui.
N'y ha menga de frema?	N'y a-t-il aucune femme?
No serco ren	Je ne cherche rien.
Serche carcaren?	Cherchez-vous quelque chose?
Donamenen carcuna.	Donnez-m'en quelques-unes.

Ces pronoms élident souvent la voyelle finale devant un mot qui commence par une voyelle : *achelo* devant une voyelle ou une consonne devient quelquefois *achel'* ou *acher'*.

CHAPITRE VII

DU VERBE

Les verbes possèdent les temps du français, excepté qu'il n'y a pas un passé défini simple et qu'on emploie pour cela les temps composés du passé indéfini. Ex : *su stac*, je fus ; *hai parlà*, je parlai.

Les verbes actifs font leurs temps composés au moyen de l'auxiliaire *avè*, avoir, et les verbes neutres, réfléchis et passifs par *esse*, être.

L'impératif négatif est quelquefois exprimé par l'impératif de *anà ;* la préposition *à*, à, et l'infinitif du verbe ; ou à la deuxième personne, simplement par l'infinitif. Ex: *no parlà*, *no stà à pàrla*, ou *no sta' parlà*, ne parle pas ; *no stasema a parla*, ou *no parlema*, ne parlons pas.

Il y a aussi une manière très peu usitée d'exprimer l'idée du passé défini au moyen de l'infinitif et *ania* qui forme ses personnes comme *avia* imparfait de *avè*. Ex : *Ania anà*, il alla. Ce mot qui est probablement un vieux imparfait de *anà*, aller, n'est autrement employé.

VERBE ESSE, être

INDICATIF

Présent

Mi su
Tu est
Ello, ella es *ou* è (*)
Nautre sema
Vautre, vo est
Ella, elle san

Futur

Serai
Serar
Serà
Serema
Serè
Seran

CONDITIONNEL

Seria
Serie
Seria
Serian
Seriar
Serian

IMPÉRATIF

Sieghe
Sieghe
Sieghema
Sieghar
Siegan

Imparfait

Era
Ere
Era
Eran
Erar
Eran

SUBJONCTIF

Présent

Sieghe
Sieghe
Sieghe
Sieghan
Sieghar
Siegan

Imparfait

Foghessa *ou* fossa
Foghesse *ou* fosse
Foghessa; fossa
Foghessan; fossan
Foghessar; fossar
Foghessan; fossan

PARTICIPE

Présent

Essent

Passé

Stac

VERBE AVÈ, avoir

INDICATIF

Présent

Hai
Har
Ha
Avema
Avè
Han

(*) *è* est usité plus souvent devant les consonnes.

Imparfait

Avia
Avie
Avia
Avian
Aviar
Avian

Futur

Aurai
Aurar
Aurà
Aurema
Aurè
Auran

CONDITIONNEL

Auria
Aurie
Auria
Aurian
Auriar
Aurian

IMPÉRATIF

Aighe
Aighe
Aigan
Aigar
Aigan

SUBJONCTIF

Présent

Aighe
Aighe
Aighe
Aigan
Aigar
Aigan

Imparfait

Aughessa
Aughesse
Aughessa
Aughessan
Aughessar
Aughessan

PARTICIPE

Présent

Avent

Passé

Agù, augù (*rare*)

On peut établir pour les verbes deux conjugaisons régulières : la première finissant en *a*, et la seconde en *e* ou *i* à l'infinitif présent.

PREMIÈRE CONJUGAISON

VERBE PARLÀ, parler

INDICATIF

Présent

Parlo
Parle
Parla
Parlema
Parlè
Parlan

Imparfait

Parlava
Parlave
Parlava
Parlavan
Parlavar
Parlavan

Futur

Parlerai
Parleràr
Parlerà
Parlerema
Parlerè
Parleràn

CONDITIONNEL

Parleria
Parlerie
Parleria
Parlerian
Parleriar
Parlerian

IMPÉRATIF

Parla
Parle
Parlema
Parlè
Parlan

SUBJONCTIF

Présent

Parle
Parle
Parle
Parlema
Parlè
Parlan

Imparfait

Parlessa
Parlesse
Parlessa
Parlessan
Parlessar
Parlessan

PARTICIPE

Présent

Parlent

Passé

Parlà

DEUXIÈME CONJUGAISON

Verbes réguliers terminés en *e* ou *i* :

PERDE, perdre

INDICATIF

Présent

Perdo, *etc.*
(*comme le verbe* Parlà
Excepté la 3e personne)
Perde

Imparfait

Perdia
Perdie
Perdia
Perdiam
Perdiar
Perdian

Futur

Perderai, *etc.*
(*comme* parlerai)

CONDITIONNEL

Perderia
(*comme* parleria)

IMPÉRATIF

Perde
Perde
Perdema
Perdè
Perdan

SUBJONCTIF

Présent

Perde (*comme* parlà)

Imparfait

Perdesse
(*comme* parlà)

PARTICIPE

Présent

Perdent

Passé

Perdù

Plusieurs verbes en *i* terminant leurs participes passés en *i*. Ex : ***cuglì***, cueilli ; et quelquefois ces verbes possèdent les deux formes (en *u* et *i*). Ex : ***desmorsì***, ou ***desmorsù***, éteint. Au futur et au conditionnel leur radical est suivi tantôt par *e*, tantôt par *i*, même pour le même verbe. Une règle génerale est impossible. Ex : ***siervirai*** ou ***sierverai***, je me servirai.

Les verbes réfléchis se conjuguent ainsi :

FLATASE, se flatter

INDICATIF

Présent

Mi me flato
Tu te flate
Ello se flata
Nautre se flatema
Vautre vo flatè
Ellu se flatan

PASSÉ INDÉFINI

Mi me su flatà

IMPÉRATIF

No sta a te flatà
No te flatà
Flatatè
Se flata
Flatemasè
Flatevo
Se flatan

PARTICIPE

Présent

Se flatent

Passé

Se flatà

Le reste du verbe se conjugue de la même façon.

Si le radical est terminé par *c* ou *g* tantôt il ajoute, tantôt il abandonne *h* ou *i* selon ses besoins pour conserver un son doux ou dur devant les voyelles suivantes. Ex : *sciugo*, j'essuie ; *sciughe*, tu essuies : *cacio*, je chasse ; *cace*, tu chasses

VERBES IRRÉGULIERS

Les temps irréguliers seulement seront donnés.

Si les autres personnes d'un temps sont faites régulièrement sur le type de sa première personne, elles sont omises.

Les codérivés se conjuguent pareillement.

1° Verbes qui varient la voyelle pénultième.

Il y a des verbes, terminés diversement à l'infinitif, dont la voyelle de l'avant-dernière syllabe est *o* quand l'accent n'y est pas et qui la changent pour *oa* quand l'accent y tombe.

Il y en a d'autres dans lesquels *u* et *ue* s'échangent en pareil cas.

De ces verbes sont :

Affrontà,	affronter ;	*Sortì*,	sortir ;
Corcà,	coucher ;	*Cuglì*,	cueillir ;
Desmorsì,	éteindre ;	*Cuntà*,	conter.
Moarde,	mordre ;	*Curbì*,	couvrir ;
Morì,	mourir ;	*Durbì*,	ouvrir ;
Poarge,	tendre ;	*Durmì*,	dormir ;
Portà,	porter ;	*Scupì*,	cracher ;
Respoande,	répondre ;	*Surbì*,	absorber ;
Sonà,	sonner ; appeler ;		

Autrement ceux-ci sont réguliers ; excepté *mori* qui fait *moe* à la 3me personne, sing. de l'ind. prés. et *moart* au participe passé; aussi *respoande* et *durbi* qui font *respoast* et *dubert* au participe passé tout en ayant la forme régulière — *Coase* qui est donné plus loin sert d'exemple, excepté au participe passé qui est irrégulier.

2° Les verbes irréguliers de la conjugaison en *a* :

Anà, aller : indic. prés., *vago*, *var*, *va*, *anema*, *anè*; *van* ; Impératif, *vai*, *vaghe*, *anema*, *anè*, *vagan*, participe passé, *Anac*.

Donà, donner est irrégulier seulement dans le participe passé *donac* ou *dac*.

Fa, faire : indic. prés., *fago* ou *fasso*, *far*, *fa*, *fasema*, *fasè*, *fan* ; imparf. *fasia* ; fut. *farai* ; cond. *faria* ; impér. *fa*, *faghe*, *fasema*. *fasè*, *fagan* : sub. pr. *faghe* ou *fasse*, *fasema*, *fasè*, *fagan* ou *fassan* ; imparfait, *faghessa* ; Part. prés. *fasent* ; Part. passé, *fac*.

Sta, rester : Ind. pr. *Stago*, *star*, *sta*, *stasema*, *stasè*, *stan* ; subj. pr. *staghe*. Le reste comme *fa*.

Tra, tirer, à cause de ses flexions (expliquées par son étymologie, lat. trahere, it. trarre, fr. traire) est mieux placé plus loin.

3° Verbes irréguliers en *è* accentué.

Carè, falloir : ind. pr. *car*, il faut ; fut. *carerà* ou *carà* ; cond. *careria* ou *caria* ; part. passé *caisciù*.

Parè, paraître : ind. p. *parescio*, 3e per. *par* ou *paresce* ; imp. *paria* ou *parescia* ; fut. *parescera* : cond. *pareria*, *paria* ou *paresceria* ; sub. pr. *paresce* ; imp. *parescessa* ; part. prés. *parescent* : pas. *parisciù* ou *paisciù*.

Porè, pouvoir : ind. pr. *piescio*, *poare*, *poe*, *porema*, *porè*, *poaran* ; fut. *porerai* ou *porai* ; cond. *poreria* ou *poria* ; subj. pr. *piesce* ; imp. *poscessa* : part. pas. *posciù*.

Varè, valoir : Ind. pr. 3e p. *varia* ; fut. *varà* ; cond. *varia* ; part. passé *vaisciu* ; le reste manque, on y supplée avec *ana*, aller.

Vorè, vouloir : ind. pr. *vieiglio*, *voare*, *voe*, *vorema*, *vorè*, *voaran* ; subj. pr. *vieglie* ou *viesce*. Autrement comme *porè*.

Dovè ou *deù*, devoir : ind. pr. 1re forme *devo* ; 2me forme *deo* ; aussi ces autres formes irrég. 3e pers. sing. *deu* ; imp. *devia* ; fut. *deverai*, *deurai* : cond. *deveria*, *deurai* ; subj. pr. *deve* ou *dee*, pl comme présent de l'indicatif ; imp. *doscessa*, *devessa* ; part. pr. *devent* et *deent* ; pas. *dosciù*, ou *dogù*.

Sabè, savoir : ind. pr. *sai*, *sar sa*, *sabema*, *sabè*, *san* : imp. *sai*, *sapie*, *sapian*, *sapiar*, *sapian* ; subj. pr. *sapie* ; imp. *saupessa* ; part. pas. *saupù*.

4° Verbes irréguliers en *i*.

Il y en a plusieurs qui adoptent dans quelques temps la syllabe *isc* avant *e* ou *i*, *isci* devant *a*, *o* et *u*; en analogie avec certains verbes français et italiens. Parmi eux sont : *fini*, finir ; *feri*, férir ; *menti*, mentir ; *capi*, comprendre ; *offri*, offrir ; *pentise*, se repentir. Ex. :

Feri, férir : ind. pr. *feriscio* ; imp. *feriscia* ou *feria* ; fut. *feriscerai* ; cond. *ferisceria* ; impér. *ferisce*, *feriscema*, *feriscè*, *feriscian* ; subj. pr. *ferisce* ; imp. *feriscessa* ; part, pr. *feriscent* ; pas. *feri*.

Ofri, fait *ofert* au participe passé.

5° Autres verbes irréguliers :

Coase, cuire : ind. pr. *coaso*, *coose*, *coase*, *cosema*, *cosè*, *coasan* ; imp. *cosia* ; fut. *coserai* ; cond. *coseria*; impérat. *coase*, *cosema*, *cosè*, *coasan* ; subj. pr. comme l'impératif ; imp. *cosessa* ; part. passé *cuec*.

Di, dire : ind. *digo*, *dise*, *di*, *disema*, *disè disan* ; imp. *desia* ; cond. *diria* ou *deria* ; impérat. *di*, *dighe*, *disema*, *disè*, *digan* ; subj. pr. *dighe*, *disema*, *disè*, *digan* ; imp. *dighessa* ; part. pr. *disent* ; passé *dic*.

Teni, tenir : ind. pr. *tengo*, *tene*, *ten*, *tenema*, *tenè*, *tenan* ; fut. *tenerai* ; cond. *teneria* ; impérat. *ten*, *tenghe*, *tenema*, *tene*, *tengan* ; subj. pr. *tenghe*, *tenema*, *tenè*, *tengan* ; imp. *tenghessa* ; part, passé *tengù*.

Tra, tirer : ind. pr. *trago*, *trae*, *trae*, *traema*, *traè*, *traan* ; impérat. *trae*, *trae*, *traema*, *traè*, *tragan*; subj. pr. *traghe* ou *trae*, *tragan*, *traghè*, *tragan* ; imp. *traghessa* ; part. passé *trac*.

Ve, voir : ind. pr. *vego*, *vee*, etc. reg.; fut. *virai* ; cond. *viria* ; impérat. *vee*, *vee*, *veema*, *veè*, *vevegan* ; subj. pr. *vee* ou *veghe*, *vegan*, *vegar*, *vegan* ; imp. *veghessa* ; part. passé *vist*.

Veni, venir : impérat., 2e pers. *viaren* ou *ven* ; autrement comme *teni*.

Viu, vivre ; remplace le *u* par *o* dans les flexions.

Ex : ind. pr. *vivo* ; part. passé *vivù* ; autrement il est régulier.

Beu, boire ; *piou*, pleuvoir ; *scriu*, écrire font à la 3e pers. de l'ind. pr. *beu*, *piou*, *scriou* ; part. passé, *bégù*, *piogù*, *scric*. Autrement comme *viu*,

6. Verbes irréguliers au participe passé seulement.

Infinitif		**P. P.**
**** Divide,***	diviser,	*divis ;*
Entraprene,	entreprendre ,	*entraprès ;*
**** Ofende,***	offenser,	*ofès ;*
Persuade,	persuader,	*persuàs ;*
Ri,	rire,	*ris ;*
**** Cede,***	céder,	*cess;*
Discute,	discuter,	*discùss ;*
**** Mete,***	mettre,	*mess ;*
Oprime,	opprimer,	*opprèss ;*
Compone,	composer,	*compôst ;*
**** Destinghe,***	distinguer,	*distint ;*
Estinghe,	éteindre,	*estint ;*
**** Fragne,***	briser,	*franc ;*
Giugne,	joindre,	*giunc ;*
**** Pogne,***	piquer,	*ponc :*
Stegne,	étrangler,	*stenc ;*
Tegne,	teindre,	*tenc ;*
Ogne,	oindre,	*onc ;*
Vince,	vaincre,	*vinc ;* *vint ;*
** Corriege,*	corriger,	*corriec ;*
Costrui,	construire,	*costrùc ;*
Destruge,	détruire,	*destrùc ;*
Frige,	frire,	*fric ;*
Produce,	produire,	*prodùc ;*
Cre,	croire,	*cret*
**** Rompe,***	rompre,	*rot ;*
Corre,	courir,	*corregù.*

N. B. Les verbes avec l'astérisque ont aussi des participes réguliers.

OBSERVATIONS SUR LES VERBES

On omet souvent la voyelle finale à la première personne du pluriel, quand il y en a, remplaçant alors le *m*. qui se serait trouvé à la fin par *n*.

Ex: ***Anèn a Mentan*** ou ***anema a Mentan***,
Nous allons à Menton.

Dans l'emploi des modes on remarque que :

1° Le conditionel est exigé dans ces propositions principales douteuses ou le français peut employer le subjonctif ;

Ex: ***M'auria fac piejè.*** Il m'eût fait plaisir.

2° Le subjonctif est exigé dans les propositions subordonnées comme les suivantes, qui n'expriment pas la certitude, telles que celles ou en français on peut employer l'imparfait de l'indicatif ;

Ex: ***Aneria se aughessa de monea,***
Il irait s'il avait de l'argent.
Et aussi dans les phrases exclamatives ;
Ex : ***Si mi aughessa saupù!*** Si je l'avais su !

CHAPITRE VIII

DE L'ADVERBE

Les principaux adverbes de lieu sont :

Ona, d'ona,	où, d'où :	***Dessà,***	deçà :
Achì,	ici :	***D'intre,***	dans ;
Aili,	là ;	***Sobre, dessusa,***	dessus ;

Luegn,	loin :	***Desobre,***	dessus :
Press,	près :	***Desota,***	dessous :
Dapè,	auprès ;	***D'aut, en su,***	en haut :
Apress,	après ;	***Da bass, en giu,***	en bas :
Darraire,	derrière :	***Atorn, entorn,***	autour,
Drec,	droit ;	***En facia,***	vis-à-vis :
Defoara,	dehors ;	***Davance,davante,***	devant :
Delà,	delà :	***Dapertot,***	partout.

Les principaux adverbes de temps sont :

Aüra,	maintenant:	***Avant ie,***	avant-hier :
Alora,	alors :	***Pran de temp,***	longtemps :
Pui,	puis ;	***Empess,***	
Cora,	quand ;	***Autre vote,***	autrefois :
Encà, encara,	encore ;	***Carche vota,***	quelquefois:
Ancuï,	aujourd'hui;	***Carche vota,***	tantôt :
Deman,	demain ;	***Pauch fa,***	
Passa deman,	ap. demain;	***Sempre,***	toujours :
Apress deman,		***Sovent,***	souvent :
Dabor,	d'abord:	***Degià,***	déjà :
Mai,	jamais :	***Ben vito,***	bientôt :
Tardi,	tard ;	***Avance, avante,***	avant :
Vito,	tôt, vite :	***Dachiavant,***	dorénavant.
Ie,	hier :		

Les principaux adverbes de quantité, de qualité et d'autres d'un usage fréquent, sont :

Trou,	trop :	***Coma,***	comme ;
Assai,	assez ;		comment :
Pran,	beaucoup ;	***Portan,***	pourtant :
Pu,	plus :	***Sepandan,***	cependant :
Mai,	davantage ;	***Ben,***	bien ;
Pauch,	peu ;	***Mieglie,***	mieux :
Meno,	moins ;	***Ma,***	mal ;
Tant,	tant ;	***Piege***	pis :
Scaiji,	presque;	***Dadaban,***	vraiment ;
Forsci,	peut-être :	***Segù,***	certainemen'
Aiscî,	si, ainsi :	***Vorentië,***	volontiers :
Tamben, aiscî,	aussi :	***Pu tost, pu vito,***	plutôt ;
Donca,	donc:	***Perchè,***	pourquoi.

Les adverbes de négation et d'affirmation sont *sei*, oui: *nan*, non; *no* (quelquefois *non* devant une voyelle) ou *no pa*, ne pas; *gaire*, guère.

Ex : ***No piescio*** ou ***no piescio pa***, Je ne puis pas.

Il y a très peu d'adverbes formés comme en français par l'addition d'une syllabe aux adjectifs, et ceux qui existent sont probablement emprantés. Ils sont remplacés ordinairement par les substantifs accompagnés de la préposition *dame*, avec.

Ex : ***Ro fasia dame aono***, Il le faisait honorablement.

Avance, davance, avante, davante, perdent la voyelle finale avant une voyelle, et aussi à la fin d'une phrase.

Ex : ***Davanc ello***, Avant lui:
Stago davanc, Je reste devant.

Trou, assai, encà, encara, pran, mai, pu, pauch, meno, gaire, pa, sont employés pronominalement ou avec des substantifs comme on emploie leurs équivalents en français.

Ex : ***Pran de pan***, Beaucoup de pain:
Vieglio mai, Je veux davantage.

Trop français s'exprime aussi par l'adjectif *trop*, f. *tropa*, pl. m. et f. *trope*.

Ex : ***Tropa carn***, Trop de viande.

Plusieurs adverbes servent à exprimer deux idées différentes, comme celle de temps et de qualité.

Ex : ***No es encà vengù***, Il n'est pas encore venu;
Y'n ha encà ? Y en a-t-il encore ?

Excepté quelques formes irrégulières comme *mieglie* et *piege*, les adverbes font le comparatif et le superlatif comme les adjectifs.

Ex : ***Pu vito***, plus tôt; ***O pu vito***, le plus tôt.

CHAPITRE IX

DE LA PRÉPOSITION

Les prépositions principales sont :

A, da,	à ;	*Verss, enverss,*	vers, envers ;
De,	de ;	***En mieg de***	à travers de ;
En, in,	en ;	***En mitan de***	
Entre, intre,	entre ;	***Scaiji,***	environ ;
Ente, inte,	dans ;	***Fent à,***	jusqu'à ;
En, in,	id.	***Segonde,***	selon ;
Dame,	avec ;	***Malgrado,***	malgré ;
Sensa,	sans ;	***Malgrè***	
Per,	pour ;	***A casa de,***	chez ;
Despù, despui,	depuis ;	***Cant à***	quant à ;
Tra,	entre, parmi ;	***De dessà de,***	par deçà de ;
Foara de,	hors ;	***De delà de,***	par delà de ;
id.	excepté ;	***Sobre, susa, su,***	sur ;
A o long de	le long de ;	***Sota,***	sous ;
Coantra,	contre ;		

Les adverbes *despù*, *scaiji*, *avance*, *avante*, *davance*, *davante*, *ensu*, servent également comme prépositions ; aussi, en mettant *de* après eux, *luegn*, *press*, *apress*, *darraire*, *attorn*, *entorn*, *foara*, *en facia*.

De s'emploie positivement comme en français mais sans article. Ex : *Me dona de portogà*. Il me donne des oranges. *Coantra* et *segonde*, souvent perdent la voyelle finale devant *a* et *e* ; et *de*, *dame*, *entre*, *ente*, *intre* et *inte*, devant toutes les voyelles. *En* devient *ne* et *per* quelquefois *pe* devant l'article. Ex : *dam'ello* avec lui ; *ent'à borniera*, dans la poche ; *pe'u forestie*, pour les étrangers ; *ne ro libre*, dans le livre.

CHAPITRE X

DE LA CONJONCTION

Les conjonctions principales sont :

È,	et :	***En tant che***,	tandis que :
O.	ou :	***A condissian che***,	pourvu que :
Ne,	ni :	***Afint che***,	afin que ;
Che, ***de***.	que :	***Aisci che***, ***aisciche***,	ainsi que :
Se,	si ;	***Pusche***,	puisque ;
Ma,	mais ;	***Eccetto che***,	excepté que;
Perchè,	parceque ;	***Aisci vito che***,	aussitôt que;
Per soch.	pour que ;	***Despù che***,	depuis que :
Caumeme che,	quand même que; quoique ;	***Dao moment che***,	dès que :
		Segnàn,	sinon.
Benchè,	bien que ;		

Che et ses composés élident la voyelle finale comme *que* français.

Ex : *Afint ch'ella vaghe.* Afin qu'elle aille.

CHAPITRE XI

DE L'INTERJECTION

Plusieurs sont des substantifs et des adjectifs dont les synonymes français servent pour le même objet.

Ex : ***Corage!*** Courage ! ***Pas !*** Paix !
Brau ! Bravo ! ***Maleros !*** Malheureux !

Aussi on dit pour exprimer :

La douleur,	***Ahi !***
L'aversion,	***Oibô !***
L'incrédulité,	***O sci ben ! Est ban !***
La surprise,	***Fumine ! maragossa !***
Pour encourager,	***Alla ! Issa !***
Pour appeler,	***Ahè ! aho ! bel'ome !***
Pour faire taire,	***Sht.***

On dit *posso* pour chasser un chien ou comme terme de mépris on l'adresse à une personne. *Fut* s'emploie pour chasser un chat.

PHRASES

Es achesto o camin de Goarbe?	Est-ce ici le chemin de Gorbio !
Es pran luegn ?	Est-ce bien loin ?
Y car un'ora e miegia	Il faut une heure et demie.
Car montà pran,	On monte beaucoup.
A sauma es gagliarda e pàsia.	L'âne est fort et tranquille.
Fasera caminà pu vito.	Faites qu'il marche plus vite.
Pioverà ?	Pleuvra-t-il ?
Forsci pu tardi.	Peut-être plus tard.
Coma se soana achesta capela ?	Comment s'appelle cette chapelle ?
A capela de ra Siga.	La chapelle de la Siga.
A cu aparten acher' predi ?	A qui appartient cette campagne ?
A en monsù de Mentan !	A un monsieur de Menton !
A en campagnolo che ry disan Già.	A un paysan nommé Jacques.
Se poe sercar de fio servage achì ?	Peut-on chercher des fleurs sauvages ici ?
Vorerian trovà de polonie, de margharite.	Nous voulions trouver des anémones simples ou doubles.
Achì no y n'ha.	Ici il n'y en a pas.
Vo car doname carca ren.	Il faut me payer quelque chose.
Cant vorè ?	Combien demandez-vous ?
Permete de traversà en l'o voasc predi.	Me permettez-vous de traverser votre propriété.
No stasè a passà d'ailà.	Ne passez pas par là ?
Ca es o pres d'u voasce portogà, d'o voasc vin ?	Quel est le prix de vos oranges, de votre vin ?

Y ha d'aiga da beu ?	Y a-t-il de l'eau à boire.
U me limô han gerà achest' invern,	Mes citrons ont glacé cet hiver.
Y es una boan anaia de aurive ?	Y a-t-il une bonne récolte d'olives?
Voria che fossar vengù ie,	Je voulais que vous vinssiez hier.
Hai domanda se poria venî,	J'ai demandé si je pouvais venir.
Dona devo passà,	Par où dois-je passer?
En pauch pu luegn girè a seneca,	Tournez à gauche un peu plus loin.
Achesta draia vo mena su o gran camin,	Ce sentier vous mène droit au grand chemin.
Cant gagnè per giorn ?	Combien gagnez-vous par jour ?
Hai passà r'invern à Mentan,	J'ai passé l'hiver à Menton.
Y vengo tote u ane,	J'y viens toutes les années.
Stago à ra villa X., à r'hotel X.,	J'habite la villa X. hôtel X.
Es una bela proprielà.	C'est une belle propriété.
Ry fa sempre caud.	Il y fait chaud toujours.
Che belu erbo!	Quels beaux arbres!
Scia fassa o piejè.	S'il vous plaît.
Vo ringrassio,	Je vous remercie.
Sci, dame piejè,	Oui, avec plaisir.
Che pesce avè ?	Quels poissons avez-vous ?
De mugeri, de cogu e de potine,	Des mulet, des maquereaux et du frétin.
San tote d'achi ?	Sont-ils tous d'ici ?
Han tirà a res ancui ?	A-t-on tiré le filet aujourd'hui ?
Signo nan, fasia trou marri temp,	Non, monsieur, il faisait trop mauvais temps.
No donerai tant,	Je ne donnerai pas tant.
San trou ca,	Il sont trop cher.
No ru venderè pa,	Vous ne les vendrez pas.
Scia scuse, n'hai vendù ent'acher pres,	Pardon, j'en ai vendu à ce prix.
Durbè a poarta ?	Ouvrez la porte.

Bon giorn, co stasè ben ?	Bonjour, vous vous portez bien ?
Su stac en pauch maraut,	J'ai été un peu malade.
Spero che starè mieglie.	J'espère que vous irez mieux
Y es en camin per achì !	Y a-t-il un chemin par ici ?
Soch y ha de nou ?	Qu'est-ce qu'il y a de nouveau ?
Che ora es ?	Quelle heure est-il ?
Ès ora de diernà,	Il est l'heure de dîner.
Vers un'ora,	Vers une heure.
Han picà catr'ora,	Quatre heures ont sonné.
Se fa tardi,	Il se fait tard.
Adio ; ritornerai deman,	Adieu, je retournerai demain.
M'apieje pran a campagna,	J'aime beaucoup la campagne.
Y es o mestre a casa ?	Le propriétaire est-il à la maison ?
Signo, nan, es sortî,	Non, monsieur, il est sorti.
Me promeno ailà,	Je me promène par là.
Perche demandè a carità?	Pourquoi demandez-vous la charité ?
Perche no hai de travaigl.	Parce que je n'ai pas de travail.
Monsù, doneme en sou,	Monsieur, donnez-moi un sou.
Lasciamè a pas,	Laisse-moi la paix.
Avè capî ?	Avez-vous compris ?
No capiscio ro franses	Je ne comprends pas le français.
Parlè italian ?	Parlez-vous l'italien ?
Mersi, non en vieglio,	Merci, je n'en veux pas.
Coma y disan ent'acô en mentonasch,	Comment appelle-t-on cela en mentonais ?
San servage ?	Sont-elles sauvages ?
Piescio pigliamere,	Puis-je les prendre.
Serco de tarantore.	Je cherche des araignées.
Achele che fan o niu reun dame una porteta.	Celles qui font le nid rond avec une petite porte.
N'on hai mai vist,	Je n'en ai jamais vu.

Passa pran de forestie achî?	Passe-t-il beaucoup d'étrangers ici?
Y'n ha pran sto rinvern?	Y en a-t-il beaucoup cet hiver?
No creo pas,	Je ne crois pas.
Portème achela fio,	Portez-moi cette fleur.
Donemenen,	Donnez-m'en.
Caterai de portogà,	J'acheterai des oranges.
O voasc vin bianch es ecelent,	Votre vin blanc est excellent.
Su content d'y deo de monea,	Je suis content de lui devoir de l'argent.
Creia de dovè anà à Cabroare,	Il croyait devoir aller à Cabrol.
Metero a o costà de casa,	Mettez-le à côté de la maison.
No stasema a anà aisci vito,	N'allons pas si vite.
Fasera caminà, *Cociara,*	Faites-la marcher.

VOCABULAIRE DES NOMS TRÈS USITÉS

LES ÉLÉMENTS

Dio,	Dieu ;
O fuegh,	le feu ;
R'aria,	l'air ;
A terra,	la terre ;
R'aiga,	l'eau ;
A marina,	la mer ;
O soreigl,	le soleil,
A luna,	la lune ;
O ghiass,	la glace ;
R'aigaigl,	la rosée ;
A brina,	le brine,
A nebbia,	le brouillard :
O vent,	le vent ;

A piogia,	la pluie :
E nivo,	les nuages :
O tran,	le tonnerre :
O lamp,	l'éclair,
E gragnore,	la grêle,
O fulmine,	la foudre ;
A neu,	la neige ;
O terramoto,	le tremblement de terre :
O caud,	la chaleur :
O frei,	le froid ;
A lus,	la lumière :

LES DIVISIONS DU TEMPS

En secolo,	un siècle ;
En ann,	un an ;
A primavera,	le printemps :
R'estade,	l'été ;
R'autunn,	l'automne :
O corcà d'o soreigl,	le coucher du soleil :
A sera,	le soir ;
A nuec,	la nuit :
R'invern,	l'hiver ;
En mes,	un mois ;
O giorn,	le jour :
O matin,	le matin :
Miegigiorn,	le midi :
Miegianuec,	minuit :
Ancui,	aujourd'hui :
Ie	hier ;
Avant ie,	avant hier :
Deman,	demain ;
Passa deman,	après demain :
Un'ora,	une heure ;
En cart d'ora	un quart d'heure :
Una miegiora,	une demi heure :
Una minuta,	une minute :
En moment,	un moment ;
Lunerdi,	lundi :
Materdi,	mardi :

Mercre, dumercre,	mercredi :
Giou, dugiou,	jeudi :
Venre, duvenre,	vendredi :
Sata, dissata,	samedi ;
Dumenighe,	dimanche :
Genaro,	janvier :
Febraro,	février :
Mars,	mars ;
Abrî,	avril :
Magio,	mai ;
Giugn, *San Gioan.*	juin :
Lugl, *Madarena.*	juillet :
Aost,	août :
Setembre,	septembre :
Otobre,	octobre ;
Novembre,	novembre :
Dijembre,	décembre :

DES ÉTATS DE L'HOMME ET DE LA FEMME

O paire,	le père ;
A maire,	la mère ;
O paigràn,	le grand-père :
A maigràn,	la grand'mère ;
O figl,	le fils ;
A figlia,	la fille ;
O fraire,	le frère ;
O soare,	la sœur :
O barba,	l'oncle ;
A tanta,	la tante :
O neb,	le neveu ;
A nessa,	la nièce :
O cosin,	le cousin;
A cosina,	la cousine :
O cognà,	le beau-frère :
A cognaia.	la belle-sœur :
O messie,	le beau-père ;
A madona,	la belle-mère :

O genre,	le beau-fils ;
O noara,	la belle-fille ;
O pairin,	le parrain ;
A mairina,	la marraine ;
O figliosso,	le filleul ;
A figliossa,	la filleule ;
O marî,	le mari ;
A mogliè,	la femme ;
O spos,	l'époux ;
A sposa,	l'épouse ;
O viegl,	le vieillard ;
A vieglia,	la vieille ;
En giue, en garson,	un jeune homme ;
Ena giue, una garsona,	une jeune femme ;
En pician,	un petit enfant ;
Una piciona,	une petite enfant ;
Una domaijela,	une demoiselle ;
O mestre,	le maître de la maison ;
A mestressa,	la maîtresse de la maison :
O maistre,	le maître (qui enseigne) :
A maistra,	la maîtr[sse] (qui enseigne) :
O servitô,	le domestique ;
A serventa,	la domestique ;
O cosinatô,	le cuisinier ;
A cosinata,	la cuisinière ;
O cocè,	le cocher ;
O portie,	le portier ;
O campagnolo,	le paysan ;
O forestie,	l'étranger ;

LE CORPS ET SES MEMBRES

O coarp,	le corps ;
A testa,	la tête ;
U cabeglie,	les cheveux ;
O more,	le visage ;
A corô,	le teint ;
A cera,	la mine ;
A pel,	la peau ;
O froant,	le front ;

U oeglie,	les yeux :
O segl,	le sourcil ;
A parpela,	la paupière ;
R'aureglia,	l'oreille ;
U posse,	les tempes :
E maiscele,	les joues ;
O nas,	le nez ;
A boca,	la bouche ;
U mostasse	les moustaches ;
E basete,	les favoris :
A mosca,	l'impériale ;
A dent,	la dent ;
A lenga,	la langue ;
A labra,	la lèvre ;
O palato,	le palais ;
O mentan,	le menton ;
O coal,	le cou ;
O gavai,	la gorge ;
A spala,	l'épaule :
O brass,	le bras ;
O goio,	le coude ;
A man,	la main :
O de	le doigt :
O poss,	le pouls :
R'onghia,	l'ongle :
A pansa,	l'estomac :
O piec, o stomigo,	la poitrine ;
A schina,	le dos :
O coe,	le cœur :
O sang,	le sang :
A cuescia,	la cuisse ;
O genoigl,	le genou ;
A camba,	la jambe ;
O carcagn,	le talon ;
O pe	le pied ;
A taglia, a vita,	la taille ;
A statura,	la hauteur.

LA MAISON ET SES PARTIES

A casa,	la maison ;
O palassi,	le palais ;
A poarta,	la porte ;
A campaneta.	la sonnette ;
A stanzia,	la chambre ;
A sara,	la salle ;
O barcau,	la fenêtre ;
A cusina,	la cuisine ;
A ciaminea,	la cheminée ;
O forn,	le four ;
A cort,	la cour ;
O poss,	le puits ;
A cantina,	la cave ;
A scara,	l'escalier ;
R'alea,	l'allée ;
O pian terren, o pran piè,	le rez-de-chaussée ;
A muraglia,	la muraille ;
O tec,	le toit.

LES MEUBLES DE LA MAISON

O liec,	le lit ;
O linsue,	le drap ;
A strapuncia,	le matelas ;
A bassaca,	la paillasse ;
O cuscin,	l'oreiller, le traversin ;
A cuberta,	la couverture ;
O rido,	le rideau ;
O tapiss,	le tapis ;
A banca,	la chaise ;
A taura,	la table ;
O miraigl,	le miroir ;
O cadro,	le tableau ;
O canderie,	le chandelier ;
A brossa,	la brosse ;
O tondo,	l'assiette ;
A bola, tassa,	la tasse ;

O tondin,	la soucoupe ;
A ciata,	le plat ;
O cotè,	le couteau ;
A forcina,	la fourchette ;
O cuglie,	le cuiller ;
O cuglieret,	le petit cuiller ;
A boteglia,	la bouteille ;
A doglia,	la cruche ;
O goat,	le verre ;
E stesùire,	les ciseaux ;
O sofiet,	le soufflet ;
A paela,	la poêle ;
A pareta	la pelle ;
E pinsete,	les pinsettes ;
De legna,	du bois ;
A ramassa,	le balai ;
A chiau,	la clef;
A chiavaüra,	la serrure ;
O feroià,	le verrou ;
R'armari,	l'armoire ;
A comoda,	la commode ;
O secretari	le secrétaire.

DEUXIÈME PARTIE

COMPOSITIONS

A CHITERRA

FAURA

Ry era à Mentan en giue che ry ania venì una envea d'emparà a sonà de ra chiterra che non en poria pu; ma ry mancava o mieglie, ry mancava r'instrument!... Coma ent'o pais no ry era achele comunicasiò che ry es a o giorn d'ancui, no era tant facile de s'en catasenen una; era necessari che ry capitessa carch'occasion per Marciana, luegh renomà per a fabricassian de chiterre.

En patran de barca avarènt per Marciana, o noasc giue va a trovaro; e ro prega de ry catary una chiterra; O patran y respoande: « A ra chiterra no ry pensà. »

Apress do o tre mese, longhe per o giue, o capitani arriba e fa ra meme respoasta cora ry es demandà se avia portà ra chiterra : « A ra chiterra no ry pensà ! »

Achesta comedia se repete una seconda, pui una tersa vota e a respoasta es sempre a meme : « A ra chiterra no ry pensà ! »

En belo giorn, avent de monea ent'a borniera, o noasc giue tira foara ra borsa e dona a o patran ra soma che ry caria per a chiterra.

Alora ry pichent su ra spala dame ra man o patràn d'una vos rauca e foarta ry di : « Aüra vego che voar sonà ! »

LA GUITARE

CONTE

Il y avait à Menton un jeune homme auquel il vint une forte envie de jouer de la guitare; mais il lui manquait ce qui lui était le plus nécessaire, il lui manquait l'instrument!... Comme il n'y avait point alors les moyens de communication qui existent de nos jours, il n'était pas facile d'en acheter une; il fallait une occasion quelconque pour Marciana, lieu renommé pour la fabrication des guitares.

Un patron de navire se préparant à partir pour Marciana, notre jeune homme va le trouver, et, le prie de lui acheter une guitare; le patron lui repond : « (*) A la guitare ne pense pas! »

Après deux ou trois mois, longs pour le jeune homme, le capitaine est de retour et fait la même réponse quand il lui est demandé s'il avait apporté la guitare : « A la guitare ne pense pas. »

Cette comédie se répète une seconde, puis une troisième fois et la réponse est toujours la même: « A la guitare ne pense pas! »

Un beau jour, ayant de l'argent dans sa poche, notre jeune homme tire sa bourse et donne au patron la somme nécessaire à l'achat d'une guitare.

Alors, lui frappant de la main sur l'épaule, le patron d'une voix rauque et forte lui dit:

« A présent je vois que tu veux en jouer. »

(*) La phrase mentonaise contient une équivoque parceque l'on s'en sert aussi bien pour quelque chose qu'on fera, que pour quelque chose qu'on n'a pas l'intention de faire.

A MASCA

—

FAURA

U tempe luegne de nautre, vieglio parlà de cora ru arimà avian o dono de ra paraola, eran de tempe urose ; perché cadacn avia una buona masca, che tante vote o tirava d'afaire inte de marri momente d'una maniera che no paresce meravigliosa aüra ; ma, che d'achelu tempe, era facile a spiegà.

Vivia int'a vila ch'int'a geografia se trova sota o nom de Vateraserca una paura vieglia et son figl Ciarlô. Sensa sussistensa per u marri giorne de r'invern, en belo matin a vieglia di a son figl : « Es temp che tu empare à gagnate a vita, vai sercà fortuna.

R'indeman Ciarlô partia e caminava, caminava ; pui donava o crostigliàn che avia encara ent'a borniera à una buona vieglia ch'era una masca.

Per o recompensà d'o sen ban coe, ra masca y dona una bela taureta de boasch pressios ; en sabre, un subiet, en baretîn e ry di : « Anave serca fortuna ? ra ta fortuna r'har facia ! Non har pu besogna de travaglià ne per tu, ne per ta maire, perchè ra taureta te donnerà tot soch te fara de besogna ; ro sabre, a o ten command, te defenderà d'u te nemighe, ro baretîn te donerà un'armada ; ro subiet farà resciuscità u moarte. »

Ciarlò apress avè remersià ra masca s'en retorna, e sa maire ch'o vee dintrà : « Coma, mon figl, ry di, t'hai dic de non venî che cora aurie fac fortuna e est achî ? — R'hai facia, respoande Ciarlò e ry racuenta soch ry era acapità apress ry avè recomandà de non parlà mai a duscèn d'u done pressiose d'a masca.

Re vieglie aman a parlà ; ra maire de Ciarlò non fasia ecessiàn à ra lege comuna. perche r'endemàn non'era

LA FÈE

CONTE

Les temps loin de nous, je veux parler de l'époque où les animaux avaient le don de la parole, étaient des temps heureux, parce que chacun avait une bonne fée qui le tirait d'affaire en de mauvais moments, d'une manière qui nous paraît merveilleuse maintenant ; mais, qui, alors,était facile à expliquer.

Dans la ville qui, dans la géographie, se trouve sous le nom de *Valachercher*, vivait une pauvre vieille et son fils Charlot. Sans provisions pour les mauvais jours de l'hiver, un beau matin, la vieille dit à son fils : « Il est temps que tu apprennes à gagner ta vie, va chercher fortune. »

Le lendemain Charlot partait et marchait, marchait ; puis il donnait le vieux morceau de croûte de pain, qui restait encore dans sa poche, à une bonne vieille qui était une fée.

Pour le récompenser de son bon cœur la fée lui fait présent d'une belle petite table de bois précieux ; d'un sabre, d'un sifflet, d'un bonnet et lui dit : « Tu allais chercher fortune ? Tu l'as faite ! Tu n'as plus besoin de travailler ni pour toi, ni pour ta mère, parce que la petite table te donnera tout ce dont tu auras besoin ; le sabre, à ton commandement, te défendra de tes ennemis ; le bonnet te donnera une armée ; le sifflet fera ressusciter les morts. »

Charlot, après avoir remercié la fée, retourne chez lui, et sa mère qui le voit arriver : « Comment, mon fils, lui dit-elle, je t'ai dit de ne revenir que lorsque tu aurais fait fortune et te voici ? — Je l'ai faite, » répond Charlot, et il raconte tout ce qui lui était arrivé, après avoir recommandé à sa mère de ne jamais parler à personne des dons précieux de la fée.

pu un secret per duscèn che Ciarlô per u presente d'a masca era ro pu potènt d'o mondo.

O re d'o pais subito che sa o rumò che coria manda de sbiri sercà Ciarlò e ra sa taureta, ro sen sabre, ro sen subiet, ro sen baretîn.

Urosamente, Ciarlô era sortî, ra taureta soreta se trovava à casa ; e cora Ciarlô ritorna e trova sa maire che piora, devinènt a verità, ra manda da o re sensa reprociary d'esse r'ocasiàn de tot : « Diry de me rende a ma taureta segnàn me troverà int'a pianura de re Barofe pront à r'yn fa ve de verde. A vieglia maïre revèn subito apress en se ranchent u cabeglie : Soch t'ha respondù ? di Ciarlô.

— M'ha fac donà de coarpe de bastàn !

— Va ben !

R'endeman fasia una splendida giornaia e ra pianura de re Barofe resplendia d'o fuegh de arme : era r'armada d'o re che asperava Ciarlô per fary subî o pu terribile suplissi.

Ciarlô ariba à sinch passe de r'armada nemigha, geta o sen baretîn a r'aria e es environnà subito de una tropa inumerabile, o re fremisce, a bataglia comensa : Vai. sabre, fai o ten dovè, ma respeta o re, a regina et sa figlia !...

En sinch minute de r'armada nemigha non esestia pu duscen.

— O re, di Ciarlô, me done ra ma taureta ?

— Sci !

— Vieglio, en susa, ta figlia, m'a done ?

— Non piescio refusà.

— Alora te rendo a ta armada.

O subiet fa o sen offissi ma a masca che liegia ent'o coe do re avia levà una part d'a sa viertù à ro subiet miracolos e sorete achelu che eran renomà per a sapiensa e a bravessa revenan à ra vita.

Sinch ane apress o re essendo moart, Ciarlô regnava.

Les vieilles aiment à parler et la mère de Charlot ne faisait point exception à la loi commune, car, le lendemain, ce n'était plus un secret pour personne que Charlot par les présents de la fée était le plus puissant du monde.

Le roi du pays, dès qu'il sait la rumeur qui courait, envoie des gendarmes chercher Charlot et sa petite table, son sabre, son sifflet et son bonnet.

Heureusement, Charlot était sorti ; la petite table seule se trouvait à la maison ; et, quand Charlot revient et trouve sa mère qui pleure, devinant la vérité, il l'envoie chez le roi sans lui reprocher d'être la cause de tout : « Dis-lui de me rendre ma petite table, sinon il me trouvera demain dans la plaine des Querelles prêt à lui en faire voir des vertes. »

La vieille mère revient bientôt après en s'arrachant les cheveux : « Que t'a-t-il répondu ? dit Charlot.

— Il m'a fait donner des coups de bâton !

— C'est bien !

Le lendemain, il faisait une magnifique journée et la plaine des Querelles resplendissait de feu des armes, c'était l'armée du roi qui attendait Charlot pour lui faire subir le plus terrible supplice.

Charlot arrive à cinq pas des ennemis, il jette son bonnet en l'air et il est immédiatement environné d'une troupe innombrable ; le roi frémit, la bataille commence : « Va, sabre, fais ton devoir, mais respecte le roi, la reine et sa fille ! » En cinq minutes, de l'armée ennemie il n'existait plus personne.

— O Roi, dit Charlot, me donnes tu ma petite table ?

— Oui !

— Je veux, en sus, ta fille ; me la donnes-tu ?

— Je ne puis refuser.

— Alors je te rends ton armée.

Le sifflet fait son office ; mais la fée qui lisait dans le cœur du roi avait enlevé une partie de son pouvoir au sifflet miraculeux et, seuls, ceux qui étaient renommés par leur science et leur sagesse revinrent à la vie.

Cinq ans après, le roi étant mort, Charlot régnait.

DICE

GENARO

Genaro patelaro.

FEBRARO

A canderiera sema a ra mitan de ra feniera.
Se Febraro non febregia, Mars marsegia.
Febraro corte, piege de tote.

MARS

A Mars cu no ha de scarpe vaghe descaus, e cu re ha, se re sapie conservà.
A Mars metete o capelass.
Mars fauss, Mars ventous.

ABRI

Abrî a trenta giorne, e se pioghessa trenta en, no faria ma a nuscen.
Abrî no fa encara resseni.
Abrî gent e bestie fa langhî.

MAGIO

Ne per Magio ne per magiàn non te levà o pelicàn.
Ha mai de frasche che Magio.

GIUGN

San Gioàn d'o misciàn,
San Gioàn fa sortî o tabardàn.

LUGL

Madarena, no sta a scorre a labrena.

AOST

Cu se bagna d'Aost non beu de vin most.
Aost seca o cosp.

DICTONS

—

JANVIER

Janvier s'appelle *patelaro*, de *patela*, patelle, parceque le temps étant généralement calme on peut en trouver: Ainsi *genaro patelaro* veut dire Janvier calme.

FÉVRIER

A Chandeleur nous sommes à moitié du fénil.
Si Février n'est pas froid, Mars le sera.
Février court, pire de tous.

MARS

A Mars qui n'a pas de souliers aille déchaussé, et qui en a sache les conserver.
A Mars mets le grand chapeau.
Mars faux, Mars venteux.

AVRIL

Avril a trente jours, et s'il pleuvait trente-et-un, cela ne ferait mal à personne.
Avril nous fait encore frissonner.
Avril fait languir personnes et bêtes.

MAI

Ni pour Mai, ni pour le meilleur Mai, n'ôte pas le vêtement d'hiver.
Il est plus capricieux que Mai.

JUIN

Saint Jean de la moisson.
Saint Jean fait sortir le faux bourdon.

JUILLET

Mois de Madeleine, ne poursuis pas le lézard gris.

SETEMBRE

A volp voe che Setembre aughessa 366 giorne.
Setembre se taglia soch pende.

OTOBRE

Cora a figa es en s'a broca, a vieglia trota.

NOVEMBRE

A u Santi u aussele giran o cu a u augelante.
A san Martin, tapa ra bote e saia o vin.

DIJEMBRE

A Dina cu ha de scarpe, se re sapia ben ligà.

AOUT

Qui se baigne en Août ne boit pas de vin mout.
Août sèche la souche.

SEPTEMBRE

Le renard voudrait que Septembre eût 366 jours.
Au mois de Septembre on coupe ce qui pend.

OCTOBRE

Quand la figue est sur le rejeton, la vieille trotte.

NOVEMBRE

A la Toussaint les oiseaux tournent la queue aux oiseleurs.
A la Saint Martin bouchez le tonneau et goûtez le vin.

DÉCEMBRE

A Noël qui a de souliers sache les bien attacher.

NATALE

CANSAN

Sta nuec n'e naisciù,
N'e naisciù o bambin Gesù.

Sta nüec a dos ore
N'e naisciù o Salvatore.

E naisciu int'una stala
Sensa fin e sensa paglia.

Fa ra naina o ber bambîn,
Fa ra naina o re divîn.

Fa ra naina che te canto,
Ber enfant sot' o ten manto,

Fa ra naina ent' a ta cuna,
Che da o pe y es o so (*) e ra luna.

Ra Madona de Mondovî
Che ro farà vito dormî.

Ra Madona de Lagheto
Ro farà dormî ben vito.

(*) Ce mot est génois, — fr. *soleil,* ment. *soreigl.*

NOEL

CHANSON

Cette nuit est né,
Est né l'enfant Jésus.

Cette nuit à douze heures
Est né le Sauveur.

Il est né dans une écurie
Sans foin et sans paille.

Berce le bel enfant,
Berce le roi divin.

Berce pendant que je te chante.
Bel enfant sous ton manteau,

Berce dans ton berceau,
Au pied duquel est le soleil et la lune.

La Madone de Mondovi
Le fera vite dormir.

La Madone de Laghet
Le fera dormir bien vite.

OH! SABÈ, BELA SABÈ!

BRANDI

Oh ! Sabè, bela Sabè !
V'invio a ra noassa.
— A e noasse non vago pa
Anerai a ra dansa.
— Se a ra dansa vo venè
Viestevo tota in bianca.

Ra bela s'en va viestî
D'una corô ciarmanta :
Se ro blu va ben,
O verd ha ra speranza.
A o primo cou de tambour
A bela intra in dansa,
A o segond cou de tambour
A bela tomba moarta.

Oh ! Sabè, bela Sabè !
Vourè morî per foarza ?
— Per foarza non moaro pa
Moaro pe r' amo voastra !
— Se per a mia vo morè
Mi moaro per a voastra !
Se ranca o sen cotè
E s' o pianta ent' a coasta.

OH ! ISABELLE, BELLE ISABELLE !

RONDE

Oh ! Isabelle, belle Isabelle !
Je vous invite aux noces
— Aux noces je n'irai pas,
J'irai à la danse.
— Si à la danse vous venez,
Habillez-vous tout en blanc.

La belle va s'habiller
D'une couleur charmante :
Si le bleu va bien,
Le vert a l'espérance.
Au premier coup de tambour
La belle entre en danse,
Au second coup de tambour
La belle tombe morte.

Oh ! Isabelle, belle Isabelle !
Vous voulez mourir par force ?
— Par force je ne meurs pas ;
Je meurs pour votre amour.
—Si pour mon amour vous mourez:
Je meurs pour le vôtre :
Il se saisit de son couteau
Et se l'enfonce dans les côtes.

A NORITURA MENTONASCA EN 1850

CANSAN

de Sciù Tonino de Brea

Aria : *L'autre jour le père Etienne*

Tra ro venre e ro dissata
E re fueglie d'ensarata
A mia pansa se fa ciata.
A Mentan su ben tombà !
Se domando de sardine
Disan che ry ha de spine
E me donan de potine
per no fa me strangorà.

Se demando 'na stofada,
O una macaronada,
De doname una panada
Se fan en vero giughet.
E se vieglio de servele
M'ofriran de patele
E de vote de cardele
Dam'en pauch de machet

Se demando de ban bou
Sento parlo d'u tre giou
E me fan mangia do ou
Sensa lard, sensa giamban.
E se vieglio de fogasse
De pernise, de becasse,
Mi regalan de limasse
Dam'en aigre de liman.

Se demando de pastisse
De boudî e de saussisse.

LA NOURRITURE MENTONAISE EN 1850

CHANSON

Par M. Tonin de Bréa

Air : *L'autre jour le père Etienne*

Entre vendredi et samedi
Et les feuilles de salade
Mon ventre devient plat.
A Menton je suis bien tombé !
Si je demande des sardines
Ils disent qu'elles ont des épines
Et ils me donnent du fretin
Pour ne pas me faire étrangler

Si je demande une estouffade
Ou une macaronade,
De me donner une panade
Ils se font une partie de rire
Et si je veux des cervelles
Ils m'offrent des patelles
Et quelquefois des laiterons
Avec un peu de pâte d'anchois.

Si je demande du bon bœuf
J'entends parler des trois jeudis,
Et ils me font manger deux œufs
Sans lard, sans jambon ;
Et si je veux des fouaces,
Des perdrix ou des bécasses.
Ils me régalent d'escargots
Avec du jus de citron.

Si je demande de la pâtisserie,
Des boudins, et des saucisses,

Me presentan de panisse
Sensa ueri, sensa sa,
E se vieglio de polarde,
D'ortola, o de canarde,
Me fan mangià de spinoarde
Coura san degià spigà.

Se demando de fraiscioue
O ben catre ravioue,
Me iempan de faijoue,
Y n'ha da fame ciupà.
Se vieglio de ravioare ;
Disan, vai a Cabroare
Che troverar de linsoare
E te re farar pessà.

Se demando dam' istansa,
Catre de de vin de Fransa,
De Madera o de Constansa,
Per porê me restaurà,
Iempan vito 'n'amoreta
Dam'en pauch de picheta
E pran d'aiga maladeta,
Per no fa m'embriagà.

Da genaro a Natale
Dura sto caresimale.
Ah che vita monacale !
Dadaban su desperà.
Arime compatiscente
Metè sota re mie dente
Carcaren de pu regente,
Segnàn me verè crepà.

(*) *'na* pour *una*. Et plus loin *'n'* pour *un'*.

Ils me présentent de la purée de pois chiches
Sans huile, sans sel;
Si je veux de la poularde
Des ortolans, ou du canard,
Ils me font manger des épinards
Quand ils sont déjà en graines.

Si je demande des beignets
Ou bien quatre rissoles,
Ils me remplissent de haricots,
Il y a de quoi me faire crever.
Si je veux des ravioli,
Ils disent : vas à Cabrol,
Tu y trouveras des noisettes
Et tu te les feras casser.

Si je demande avec instance
Quatre doigts de vin de France,
De Madère ou de Constance,
Pour pouvoir me restaurer,
Ils remplissent vite un bocal
Avec un peu de piquette
Et beaucoup d'eau maudite,
Pour ne pas me griser.

De janvier à Noël
Dure ce carême.
Ah quelle vie monacale !
Vraiment je suis désespéré.
Ames compatissantes
Mettez sous mes dents
Quelque chose de plus nourrissant,
Sinon vous me verrez crever.

A MI SOCH ME FA !

—

CANSAN

De Sciù Tonino de Brea

—

Che r'aiga d'a marina
Sia doussa o salina,
A mi soch me fa !
Su belo consolà,
Su belo, su belo consolà (bis) *

Che trone o che lampe,
Che piove su re rampe,
A mi soch me fa !

Che faghe caud o freï
Su o poant de Careï,
A mi soch me fa !

Che me crouan ru seglie,
Che perde u me cabeglie :
A mi soch me fa !

Che a mia philosophia
Semeglia una folia,
A mi soch me fa !

Se ro vin è spurà
Su belo, su belo, su belo consolà.

(*) Le refrain doit être chanté en chœur.

QU'EST-CE QUE CELA ME FAIT !

CHANSON

De M. Tonin de Bréa

Que l'eau de la mer
Soit douce ou salée
Qu'est-ce que cela me fait !
Je suis bien consolé,
Je suis bien, je suis bien consolé. (bis)

Qu'il tonne ou qu'il éclaire,
Qu'il pleuve sur la rampe de l'église,
Qu'est-ce que cela me fait !

Qu'il fasse chaud ou froid
Sur le pont de Careï, (*)
Qu'est-ce que cela me fait !

Que mes cils se détachent,
Que je perde mes cheveux,
Qu'est-ce que cela me fait !

Que ma philosophie
Semble une folie,
Qu'est-ce que cela me fait !

Si le vin est sans eau
Je suis bien, je suis bien, je suis bien consolé.

(*) Le principal torrent de Menton.

O PICIAN DE PESSA

CANSAN D'UNA BAILA

Naina, bressa o pician de pessa,
Son paire es anac a messa.
Sa maire venerà.

REFRIN

Ah ! ah ! ah ! cantary ben che durmirà.
Fa ra vireta, fa ra vireta e fa ra virà.

Voga sounsana ! son païre ven da marina
E ry poarta una sardina
Che y corre per a schina.
Ah ! etc.

O pician se mete a piorà,
Sa maire en fauda se r'ha piglià
Una goraia de lac y ha donà.
Ah ! etc.

Cor' ha lest de tetà
Sus'o liec r'anac (*) à faiscià.
Pui n'o bress r'anac à corcà.
Ah ! etc.

Sa maire 'na banca s'ha piglià.
Per o pician ben bressà,
E o bress s'es ciavirà,
Ah ! etc.

Ent'o bress no r'ha pu corcà.
Perchè o bress s'es ciavirà,
Ent'o sen liec r'anac à corcà
Ah ! etc.

(*) Ellipse, pour *r'es anac*.

LA POUPÉE DE CHIFFONS

CHANSON DE NOURRICE

Berce, berce, la poupée de chiffons :
Son père est allé à la messe,
Sa mère viendra.

REFRAIN

Ah ! ah ! ah ! chante-lui bien, il dormira,
Fais le petit tour, fais le petit tour, et fais le tour.

Et vogue la galère ! Son père vient de la mer
Et lui apporte une sardine
Qui lui court le long de l'échine.
Ah ! etc.

L'enfant se met à pleurer,
Sa mère l'a mis sur ses genoux
Et lui a donné une gorgée de lait.
Ah ! etc.

Quand il a fini de téter,
Sur le lit elle l'a mis dans des langes,
Puis dans le berceau elle l'a couché.
Ah ! etc.

Sa mère a pris une chaise
Pour bien bercer l'enfant,
Mais le berceau s'est renversé.
Ah ! etc.

Dans le berceau elle ne l'a plus mis,
Car le berceau s'est renversé,
Et dans le lit elle est allée le coucher.
Ah ! etc.

Sa maire u tondi s'anac a lavà
U pician d'o liec es tombà
A maire se mete a crià :
Meschina mi ! t'har fac ma ! ?
Ah ! etc.

O pician in parais se n'en anà,
A sa maire de dorô y n'ha tornà piglià,
E o paire una ragiàn no s'en poria fa.
Ah ! etc.

Vautre garsone no vo stasê à marià
Perchè u dorô san facile à piglià
E u enfante a testa vo fan girà
Ah ! etc.

Sa mère est allée laver les assiettes,
L'enfant est tombé du lit,
La mère se met à crier :
Malheureuse !... Tu t'es fait mal ?
Ah ! etc.

Au paradis l'enfant est allé,
Et des douleurs ont de nouveau assailli la mère,
Et le père ne pouvait se consoler.
Ah ! etc.

Fillettes ne vous mariez point
Les douleurs sont faciles à avoir
Et les enfants vous font tourner la tête.
Ah ! etc.

O GAT E RO GIUGE

BRANDI

Cara dabass ent' acher' pra (bis)
Y es en maigranie tot granà ;
E ci ri bi ci ciu, e o tra la de ri de ra.

Susa ry a en tordo ben pausà, (bis)
Passa en caciao che r'ha cacià :
E ci ri bi ci ciu, etc.

En terra moart ro fa tombà, (bis)
A sa mestressa ro va portà,
Che o faghe coase per supà :
E ci ri bi ci ciu, etc.

E su ro taurè y r'ha pausà, (bis)
Passa ro gat e r'ha piglià:
E ci ri bi ci ciu, etc.

Da monsù ro giuge r'ha faç sonà, (bis),
Monsù ro giuge ch'era en pegorà:
E ci ri bi ci ciu, etc.

Monsù ro giuge ch'era en giudiu :
« Soch o gat s'e piglià es tot sieu
Tant l'invern coma l'estieu; (*) »
E ci ri bi ci ciu, etc.

(*) Niçois. Le juge est rarement du pays.

LE CHAT ET LE JUGE

RONDE

Descendez en bas dans ce pré, (bis)
Il y a un grenadier tout en graines,
E ci, etc.

Dessus il y a une grive bien posée, (bis)
Passe un chasseur qui la chassait,
E ci, etc.

En terre morte il la fait tomber, (bis)
A sa maîtresse il va la porter,
Qu'elle la fasse cuire pour souper :
E ci, etc.

Et sur le pétrin il l'a posée,
Passe le chat qui la prise:
Et ci, etc.

Devant monsieur le juge il l'appela,
Monsieur le juge qui était un animal.
E ci, etc.

Monsieur le juge qui était un juif :
« Ce que le chat a pris est le sien,
Autant l'hiver que l'été. »
E ci, etc.

O ROMANÎ FIORÎ

BRANDI

A cu n'en donerema
Sto romanî fiorî ?
A scia Catarina
Che n'a ro coe gentî.
Son marî ra manda,
Ella se recomanda.
Ella non voe fa
O sen coe namorà.
Ella s'en va a ra messa,
Coma una principessa,
Catre capirô
Bela figlia regirevô.

BETABÈ

GIUEG DE RU ENFANTR

Betabè ?
Be.
Soch ha perdù ?
En anè.
Dona ?
Darreire o taurè.
Soch vorè, marî o moglie ?
Marî.
Vai te ro sercà per ailî.

LE ROMARIN FLEURI

RONDE

A qui nous le donnerons
Ce romarin fleuri ?
A madame Catherine
Qui a le cœur gentil.
Son mari l'envoie (quelque part) ;
Elle le supplie,
Elle ne veut pas le faire
Etant amoureuse de quelqu'un (qu'elle veut voir)
Elle s'en va à la messe,
Comme une princesse,
Quatre pissenlits,
Belle fille, tournez-vous.

LE COLIN MAILLARD MENTONNAIS

JEU DES ENFANTS

Betabè ?
Be.
Qu'avez-vous perdu ?
Un anneau.
Où ?
Derrière la table.
Que voulez-vous, mari ou femme ?
Mari.
Allez vous le chercher par là.

PRINCIPE GIAUSÈ (*)

—

CANSAN

E tant temp che n'autre v'asperema,
Siegar o ben vengù ; s'en r'alegrema !
Levemase o capè
A o principe Giausè
Sautê, balè, tote viva criè !
Viva, viva, viva, viva,
Ra duchessa che n'arriva !
Viva, viva ro Signo,
E ru s'enfante tote e do !

Femary ve ra gioia ch'aven
De ra sa ben vengua (bis).
Sautè, balè, viva criè !
Viva, viva ro principe Giausè,
Madama ra duchessa !

Che bela dama ! oh che bijô !
Che n'ha ro noastre duca.
Se voaran ben mai che d'amo (bis),
Ban pran ri fasse tote e do.
Viva ro duca o noastre signo,
Madama ra duchessa ! (*)

(*) Il y a une différence entre ces vers et ceux qui sont adaptés à la musique.

PRINCE JOSEPH

CHANSON

Il y a tant de temps que nous vous attendons,
Soyez le bien venu, — réjouissons-nous !
Otons le chapeau
Au prince Joseph.
Sautez, dansez, tous vivat criez :
Vive, vive, vive, vive
La duchesse qui nous arrive ;
Vive, vive le Seigneur
Et les enfants tous les deux !

Faisons leur voir la joie que nous avons
De leur bienvenue
Sautez, dansez, criez viva
Vive, vive le prince Joseph
Et madame la duchesse !

Quelle belle dame ! oh quel bijou !
Que notre duc a,
Ils s'aiment plus que d'amour.
Que cela leur fasse bien à tous deux.
Vive le duc notre seigneur,
Et madame la duchesse !

(*) Fragment d'une chanson populaire composée et chantée à Menton, à l'occasion d'une visite du Prince Joseph, deuxième fils de Honoré III, Prince souverain de Monaco.

ONCLE GARIBO

FRAGMENTS D'UNE VIEILLE CHANSON MENTONNAISE

Oncle Garibó,
Il fait jour. levez-vous ;
Portez des raisins secs
Avec deux ou trois petites pommes.
Un homme comme vous
Qui a vu tant des choses,
C'est bien juste qu'il se repose,
Que vous semble de cela ? (*)

(*) On a oublié le reste de cette poésie, excepté des fragments inintelligibles. Le mentonais se trouve plus loin entre les portées de la musique.

Imprimerie Niçoise, association ouvrière, Verani et Comp. boulevard du Pont-Vieux, 32.

AIRS MENTONAIS

AIRS MENTONAIS

1.
2.
Allto
A tan-e -

u se ve ra gio-ia ch'a - ven de a sa
gu - - , vi - va no du-ca o naustre

BARBA GARIBO

vi - va Na du - chessa che n'ar - ri - va! Viva, vi - va ro si - gno, F' u se en-fan - te tote e do! Fe - mary ve ra gio - ia ch'a - ven de a sa
ben ven - gu - a. Fe - mary ve - ra gioia ch'a - ven de a sa ben ven - gu - a. Sau - ten, ba - len, vi - va cri - co, vi - va no du - ca o naustre
ben! Vi - va nou du - ca e nou si - gnou, Ma - da - ma na du - ches - sa! Vi - va nou duca e nou si - gnou, E ma - da - ma na du - ches - sa!

Dame do a tré mé-ri - o. Un o-me
e Che vos par d'ais - sò,

www.ingramcontent.com/pod-product-compliance
Ingram Content Group UK Ltd.
Pitfield, Milton Keynes, MK11 3LW, UK
UKHW022051170726
13837UKWH00002B/887